Marone Esskastanie

Michael Baiculescu

Mit Illustrationen von
Linda Wolfsgruber

mandelbaums *kleine gourmandisen*
N° 003

www.mandelbaum.at

ISBN 978-3-85476-477-9

3. Auflage 2024
Lektorat: Margot Fischer
Satz & Umschlaggestaltung: Michael Baiculescu
Illustrationen: Linda Wolfsgruber
Druck: Interpress, Budapest

Im Oktober und Anfang November finden in ganz Süd- und Mitteleuropa Kastanienfeste, Feiern und kulinarische Festivals statt. An manchen Orten hat das eine Jahrhunderte alte Tradition, an anderen werden die Kastanien gerade wieder neu entdeckt. Dort unterliegen sie einem ähnlichen Bedeutungswandel, wie ihn der Wein längst hinter sich hat: Sie werden zum Imageprodukt.

Haubenköche widmen sich wieder der Maroni, auf Kastanienmärkten werden Kastanienprinzessinen gekürt, Kastanienschälwettbewerbe zeigen, wie man geschickt an die essbare Frucht heran kommt. Eine eigene Internetseite (www.kastanienfest.de) listet die Feste in ganz Europa auf, die sich der Nuss widmen.

Durch Kastanienwanderungen, Ausstellungen und Vorführungen der verschiedenen Verarbeitungsprozesse schafft es die im letzten Jahrhundert etwas ins Abseits geratene Nuss wieder ins kulinarische Bewusstsein. Und natürlich hat auch dieses Büchlein zum Ziel, die Esskastanie etwas aus ihrem Schattendasein herauszuholen. Ich wünsche Ihnen viel Vergnügen bei dieser kleinen Entdeckungsreise.

Es heißt ja immer, Kindheitserfahrungen mit Essen wären prägend, aber mir persönlich fällt dazu nur das Paprikahendl meiner Großmutter ein – es sind ja bezeichnenderweise immer die Großmütter. Die Großväter haben zu der Zeit noch nicht gekocht. Und weiter zurück reicht das kulinarische Kollektivgedächtnis fast nirgendwo. Auch wenn es mittlerweile Kochbücher wie Sand am Meer gibt (oder doch besser »wie Mais am Feld«), das Kulinarische gehört wohl doch in die Sphäre der oralen Traditionen.

Was soll ich also berichten von meinen Erfahrungen mit den Maroni, den Esskastanien, Edelkastanien oder Kesten: Als Kind hatte ich keine. Auch keine mit den gerühmten Maronibratern, die in vielen mitteleuropäischen Städten mit ihren Ständen den Menschen den Winter heimelig machen.

Ich kam viel später zur Kastanie durch meine Frankreich-Urlaube, in denen ich die vielfältige Verwendung der Nüsse kennen und schätzen lernen konnte. Und weil in Frankreich rund 700 Sorten registriert sind, glaubte ich, sie stammten auch aus Südfrankreich, oder zumindest aus diesem Teil der Mittelmeerregion, was aber ganz und gar nicht der Fall ist.

Die Kastanienbäume, wie wir sie in Europa heute kennen, stammen wahrscheinlich aus dem Kaukasus – wie so vieles Essbare, das wir heute für europäisch halten.

Im kaukasisch-armenischen Gebiet wurde sie bereits in prähistorischer Zeit gegessen und ihr Holz verarbeitet. Die Kultivierung als Nussbaum dürfte dort in der Zeit zwischen 9. und 7. Jahrhundert v.u.Z. erfolgt sein. Von hier verbreitete sie sich rasch nach Kleinasien, Griechenland und auf den Balkan.

Griechische Quellen behaupten, dass sich die ursprüngliche Heimat um Sardes, der Hauptstadt des Königreiches Lydien im westlichen Kleinasien befinden soll. Andere griechische Quellen sehen in Kastana, einer antiken Stadt im Königreich Pontos am Schwarzen Meer den Ursprung

Der römische Historiker Plinius berichtet wiederum, dass sich der Name der Edelkastanie von der Ortschaft Castanna in Thessalien, einer Landschaft in Mittelgriechenland, ableitet.

Eine weitere Theorie geht davon aus, dass sich der Name Kastanie vom armenischen *Kaskeni* bzw. vom persischen *Kastah*, was trockene Frucht heißt, herleiten lässt.

Aber was heißt schon Ursprung? Kastanienähnliche Blütenstände sind aus dem mittleren Eozän – vor rund 40 Mio. Jahren – aus Tennessee bekannt.

In der griechischen Antike wurde die Edelkastanie sehr geschätzt, in Sparta etwa wurden daraus schwarzes Brot, Mehl und Suppen hergestellt. Erwähnt werden Kastanien in den Werken von Jesaja, Homer, Xenophon und Hippokrates. Griechen, Phönizier und Juden handelten die Früchte im ganzen Mittelmeergebiet. In Großgriechenland (Magna Graecia), besonders in Kalabrien, wurde die Edelkastanie häufig angepflanzt.

Die „Kastana“ der Griechen latinisierten die Römer zu „Castanea“. Später fügten die Botaniker „sativa“ hinzu, was soviel wie sättigend bedeutet. „Castanea sativa“ gilt in der Literatur immer als „Brot der Armen“ – aber dazu später.

Die Römer schätzten neben den Früchten und dem Holz auch sehr den Honig und als Medizin Rinde, Blätter und Blüten. Viele Schriftsteller beschäftigten sich mit der Castanea, so der schon erwähnte Plinius d. Ä., Columella, Vergil, Ovid und Pedanios Dioskurides. Das Kochbuch des Apicius überliefert Kochrezepte und zeigt, für wie wichtig die Kastanie angesehen wurde. Jeder Legionär erhielt eine Ration Kastanien als Brotersatz.

Wohl auch um das Militär besser versorgen zu können, brachten die Römer die Kastanien zusammen mit dem Wein in alle Teile ihres Reiches und so schlugen die Bäume in Begleitung der Weinrebe auch nördlich der Alpen Wurzeln – bis hin auf die britischen Inseln.

Heute gibt es in ganz Europa Regionen, die stolz auf ihre Kastanienkulturen sind. Bei meinen Recherchen traf ich zum Beispiel auf mehrere Bücher, in denen Südtirol als Heimat der Kastanienbäume angegeben wird, so verbreitet sind sie besonders im Meraner Raum und so prominent sind sie auch in der Südtiroler Küche. Hier dienen sie schon lange als Grundnahrungsmittel, das Kastanienmehl wurde zu Brot und Kuchen, aber auch zu Nudeln, Gnocchi und Polenta verarbeitet. Später wurden sie auch als Kaffeeersatz geschätzt.

Eine Art Erntedank-Essen in Südtirol ist das sogenannte Törggelen. Zuerst werden einfache Gerichte wie Schlutzkrapfen serviert, danach folgt eine Schlachtplatte mit Sauerkraut, Surfleisch, Wurstspezialitäten und Knödel. Dazu wird der neue Weinjahrgang, der „Nuie“, verkostet. Und dann kommen die „Keschtn“, so werden in Südtirol die gebratenen Kastanien genannt. Dazu wird gern „Sußer“, ein süßer, schwach vergorener Traubenmost serviert. Und zum Abschluss – beim Törgellen brauchen sie einen guten und großen Magen – werden meist traditionelle hausgemachte Bauernkrapfen serviert, die mit Mohn, Marillen- und Kastaniencrème gefüllt sind.

In der Schweiz sind das Tessin und Graubünden Zentren des Kastanienanbaus. Über dem Dorf Bergell-Castasegna an der italienischen Grenze dehnt sich der Brentan, der größte Edelkastanienwald Europas, aus.

Unter den großartigen Kastanienbäumen wurde ein Lehrpfad eingerichtet, auf dem die traditionellen *cascine* stehen, in denen die Kastanien trocknen. Die großen Kastanien, die in Italien *marroni*, in Frankreich *marrons* genannt, in Österreich als *Maroni* auf der Straße feilgeboten werden, gelangen in den Verkauf. Die Kleinen *(castagne, chataigne, Kastanie)* werden in den cascine bis 5 Wochen über einem schwelenden Feuer gedörrt. Man breitet sie auf Gestellen unter den Dächern aus. Im unteren Teil der Hütten werden Feuer angezündet, deren Wärme die Früchte trocknet. Dann kommen sie in Säkke, die auf Holzblöcke geschlagen werden, um Schale und Haut zu entfernen. Am Ende werden sie aussortiert und gemahlen oder als kleine, lange haltbare Kastanien verkauft.

Auch im angrenzenden Piemont genießen Kastanien hohes Ansehen. Zu ihren Ehren werden in Demonte die *Castagnata* und in Franosa Sottana die *Sagra della Castagna* organisiert, auf der es aber offensichtlich nicht mehr sehr heilig zugeht, denn zu dieser Gelegenheit wird die *Castagna d'Oro* (Goldene Kastanie) an eine Persönlichkeit aus der Welt des Sports oder des Fernsehens verliehen.

In vielen Teilen Oberitaliens, in der Toskana und am ganzen Appenin hat der Kastanienbaum ebenfalls eine Heimat gefunden.

Und natürlich in Südfrankreich. Im Limousin, in den Cevennen und in der Ardèche haben sich Kastanienwälder, so scheint es, endlos ausgebreitet. Im Örtchen Privas befindet sich eines der wirtschaftlich bedeutendsten Unternehmen der Region, die Firma Clément Faugier, die weltweit die verschiedensten Produkte aus Kastanien vertreibt.

Die Firma gibt übrigens auf ihrer Homepage einen im französischen Sprachraum weit verbreiteten Mythos zum Besten, wonach das lateinische Castanea von Nea, der Nymphe abstamme. Diese widerstand den Avancen Jupiters und stürzte sich in den Selbstmord. Das rührte den reumütigen Götterchef derart, dass er den Körper der „keuschen Nea" – „Casta Nea" in einen anmutigen aber mächtigen Baum verwandelte. Die französischen Quellen berufen sich mehrheitlich darauf, es handele sich um eine italienische Legende ... aber es ist auf jeden Fall eine schöne Geschichte, auch wenn sie in italienischen Texten nicht zu finden ist.

An vielen Orten Südfrankreichs gibt es übrigens den Brauch, am Abend von Allerheiligen geröstete Maroni zu essen um die Geister unter dem Kopfkissen zu vertreiben und für eine ruhige Nacht zu sorgen. Wem fällt dazu nicht Halloween ein?

Übrigens: In Venedig haben früher zu St. Martin arme Frauen unter den Fenstern der besseren Häuser Loblieder auf die Bewohner gesungen und Kastanien zur Linderung des Hungers eingefordert. Andernfalls, so im Lied, sähen die Frauen schon die Seelen der Hausbewohner im Fegefeuer.

Kastanien wurden seit der Neuzeit in Italien gezielt zur Verhinderung von Hungersnöten eingesetzt, bzw.

wie die Genuesen in Korsika es taten, um die Landbevölkerung für andere Arbeiten einsetzen zu können und trotzdem ein billiges Nahrungsmittel zur Verfügung zu haben. So entstand auf Korsika eine ganze Region, die ihren Namen von diesem Kastanien-Zwangsanbau bezog: die Castagniccia. Heute eine wunderschöne Gegend, in der sie wohl noch einige Bäume der ersten Generation bewundern können – die Esskastanie wird zuweilen zwischen 500 und 1000 Jahre alt.

Die Reduktion auf Kastanienkulturen hat die Castagniccia im Laufe der Jahrhunderte allerdings verarmen lassen. Schon in genuesischer Zeit regte sich massiver Widerstand. Wohl nicht ganz zufällig stammte der korsische Widerstands-Held – nein, nicht Napoleon – Pasquale Paoli aus der Castagniccia. Er organisierte Mitte des 18. Jahrhunderts den Widerstand gegen die genuesischen Herrscher, gründete eine Universität auf Korsika und entwarf eine fortschrittliche und demokratische Verfassung, die wenige Jahre später zum Vorbild für die US-amerikanische wurde.

Genutzt hat's den Korsen und Korsinnen nichts, ihnen blieb ein trotzig-nationalistisches Bewusstsein und eine wunderschöne Landschaft mit großartigen Kastanienwäldern, von denen vor allem die frei herumlaufenden Schweine profitieren. (Und Korsika zeigt uns, dass aus Kastanien auch Bier gebraut werden kann.)

Im Süden Österreichs, besonders in der Steiermark und im Burgenland, gibt es ausgedehnte Kastanienkulturen. Im Burgenland sollen es die Zisterziensermönche gewesen sein, die die Kaestenbäume angepflanzt haben. So kommt es, dass beim Rosalia-Kastanienfest im Oktober vor der Burg Forchtenstein 300 Meter Kastanienstrudel auf viele angereiste Naschkatzen und -kater warten.

In Deutschland liegt das Zentrum der Kastanienkultur in der Pfalz. Die *Keschde*, wie die Pfälzer sagen, finden sich im südlichen Pfälzerwald und entlang der Weinstraße, seit die Römer sie hierher gebracht und angebaut haben. Im Juni, wenn die Kastanien blühen, zieht sich ein hellgelbes Band entlang des bewaldeten Haardtrandes. Diesem folgt der *Pälzer Keschdeweg.* Ab Ende September finden hier Feste, Verkostungen rund um lokale Kastaniendelikatessen und Keschdewochen in den vielfältigen gastronomischen Einkehrmöglichkeiten statt.

Neben Kastanienschälmessern und Kastaniensammelzangen finden sie hier ein unendlich scheinendes Angebot an Kastanienwurst, Kastanienmarmelade, Kastaniencrème, glacierten Kastanien, Kastaniennudeln, Keschdetorten, Kastanienmehl, Kastanienbrot, Kastaniengebäck aller Art, Kastanien-Trüffeln, Nougat--Pistazien-Marzipan-Kastanien, natürlich Kastanienhonig, Kastanienblütenlikör, Kastanienessig, Kastaniensaumagen, Kastanienbratwurst, Keschdefleischkäse und Keschdebraten. Und selbst der autochthone Flammkuchen wird in der Saison mit Kastanien belegt auf den Keschdefeschden und Kerwen, wie die Kirchweihen hier heißen, angeboten.

„Die Kastanie ist des südlichen Klimas bester Zeuge.“ Der dies feststellte, Bayerns König Ludwig I., ließ hunderte von Edelkastanien rund um seine Sommerresidenz Villa Ludwigshöhe bei Edenkoben anpflanzen.

Doch auch in etwas rauerem Klima, im Harz, gibt es Kastanienkulturen und in Bad Harzburg auch ein Kastanienfest.

Großflächige Kastanien-Pflanzungen breiten sich im Süden Englands und Irlands ebenso aus, wie von der Ungarischen Tiefebene bis zum Schwarzen Meer im Gebiet südlich der Donau.

Die Hauptanbaugebiete der europäischen Edelkastanie liegen – neben Italien – aber vor allem im Osten:

In der Türkei und in Griechenland. Genetische Untersuchungen ergaben, dass wohl alle europäischen Bestände (mit Ausnahme Portugals und Griechenlands) in den letzten 2000 Jahren von kleinasiatischen Pflanzen der türkischen Schwarzmeerküste abstammen.

In Portugal werden ebenfalls viele Kastanien geerntet, interessanterweise scheinen die Kulturen aber nicht von den Römern eingeführt worden zu sein. Die meisten der heutigen portugiesischen Esskastanien sind keine Castaneae sativae sondern deren ostasiatische Verwandte Castanea mollissima (Chinesische Kastanie) und Castanea crenata (Japanische Kastanie). Wie es dazu kam? Besonders im 16. Jahrhundert war Portugal im süd- und ostasiatischen Raum eine Handelsmacht und versuchte, den Gewürzhandel zu monopolisieren. Vielleicht fanden so auch die chinesischen und japanischen Sorten ihren Weg nach Portugal.

Überhaupt müssen wir uns von der Vorstellung verabschieden, die Esskastanie sei eine Angelegenheit der europäischen Küche. Im Jahr 2006 wurden weltweit 1,17 Mio. Tonnen Esskastanien vermarktet. Davon entfielen nur 151.000 Tonnen auf die europäische Castanea sativa. Der Welt größter Produzent ist – China, wer sonst, mit 850.000 Tonnen (Castanea mollissima), gefolgt von Südkorea mit 76.000 Tonnen (Castanea crenata). Die Türkei und Italien sind die größten Castanea sativa-Produzenten mit jeweils etwas über 50.000 Tonnen. Portugal, Japan und Griechenland folgen mit beachtlichen Produktionsmengen, wohingegen Frankreich und Spanien mit etwas über 9.000 Tonnen erstaunlich wenig produzieren.

Der größte bekannte einzelne Baum ist der *Castagno dei Cento Cavalli* (Kastanie der hundert Pferde) auf Sizilien. Botaniker haben das Lebensalter des Baumes auf 2000 bis 4000 Jahre geschätzt.

Die erste gesicherte Erwähnung findet sich im Jahr 1636 bei *Don Pietro Carrera*. Er schreibt von einem „Baum mit imposantem Stamm, groß genug um dreißig Pferde in seinem Inneren zu beherbergen". Bereits 1745 wurde der Baum unter Schutz gestellt, einer der ersten Naturschutzakte überhaupt. Der Baum, der in mehreren Teilen aus dem Boden gewachsen ist, enthielt sogar eine Hütte, die sich auch in mehreren Abbildungen wiederfindet. Der Baum ist dabei nur 22 Meter hoch, der Hauptstamm hat aber einen Umfang von 22 Metern.

Manche Kastanie wird auch als heilig verehrt, wie der *Castaño Santo* in der Sierra de las Nieves in Andalusien.

Nachdem die Römer sie in ganz Europa verbreitet hatten, blieb die Edelkastanie im frühen Mittelalter eine wichtige Nahrungspflanze. Der Langobarden-König Rothari führte sie 641 in seiner Liste der geschützten Bäume auf, Ende des 8. Jahrhunderts empfahl Karl der Große in seiner Landgüterverordnung den Anbau von Kastanienhainen, um die Ernährung in Krisenzeiten und im Falle von Missernten sicherzustellen. Das Fällen von Edelkastanien war aus diesem Grund bei Strafe verboten.

Bauern, die Kastanien anbauten, hatten ab dem 10. Jahrhundert einen eigenen Status und man nannte sie „castagnatores".

Klöster ließen in vielen Mittelgebirgslandschaften Edelkastanien pflanzen. Die Nüsse wurden frisch und getrocknet, roh oder gekocht, geröstet oder als Mehl verspeist. In Berggebieten war sie besonders im Winter eine wichtige Kohlenhydratquelle. Im 11. bis 13. Jahrhundert intensivierte sich aufgrund des Bevölkerungswachstums der Kastanienanbau in den Gebieten, wo kein Getreide kultiviert werden konnte. Die wichtigste Konservierungsmethode war damals das Trocknen, teilweise durch Räuchern. Das Mehl war ein bis zwei Jahre haltbar.

Im 12. Jahrhundert kam in der Lombardei das Wort *Marroni* auf, mit dem Kastanien der besten Qualität, groß, süß, schmackhaft und leicht zu schälen, bezeichnet wurden.

Wer die Behauptung in Umlauf gebracht hat, lässt sich nicht mehr eruieren, aber gegen Ende des Mittelalters wurden Kastanien mit schlechter Verdauung, Kopfschmerzen, Blähungen und verstärktem Sexualtrieb in Verbindung gebracht. Außerdem war sie – da allgemeines Grundnahrungsmittel – als Statussymbol nicht mehr geeignet. Sie wurde vom Speisezettel der höheren Stände gestrichen und erfuhr ihre Wandlung zum „Brot der Armen" bzw. – zur Freude der Schweine – zu deren Futter.

Vom 16. bis zum 18. Jahrhundert stieg der Anbau von Esskastanien weiter an. Je nach Region sollten ein bis zwei Kastanienbäume die ganzjährige Ernährung eines erwachsenen Menschen sicherstellen. Der Historiker Emmanuel Le Roy Ladurie nannte diese Entwicklung in ganz Europa die „Internationale der Armut und der Kastanie“. In seinem Buch *Die Bauern des Languedoc* beschreibt er, wie sich die Kastanien auf den kieselhaltigen Böden der Cevennen weiter und weiter ausbreiteten und „die Mädchen sich im Winter mit Kastanien voll stopften, bis ihnen übel wurde“. Für die Bürger und besseren Leut' war die Esskastanie damit endgültig gestorben.

Im 19. Jahrhundert, mit der einsetzenden Industrialisierung, Landflucht und großflächigen Rodungen beginnt ein massiver Niedergang der Kastanienwälder. Das „Brot des armen Mannes“ – die Esskastanie als Ernährungsgrundlage süd- und westeuropäischer Bergbauern – widersprach den Vorstellungen intensiver Landwirtschaft und erlag als „Armeleute-Essen“ der Abwertung durch den sozialen Mythos des „Weißbrotes für Jedermann“.

Das setzt sich im 20. Jahrhundert fort: In Italien zum Beispiel ging die Anbaufläche von 650.000 Hektar 1911 auf rund 250.000 in den 1980er Jahren zurück. Ein weiterer Faktor für den Rückgang war der Kastanienrindenkrebs, dem große Teile der Edelkastanienbestände zum Opfer fielen. Seit der Mitte der 1990er Jahre erholen sich die überlebenden Bestände und derzeit wächst die Anbaufläche wieder.

DER KASTANIENBAUM gehört zusammen mit den Eichen- und Buchenarten zur botanischen Familie der Buchengewächse (Fagaceae). Das wichtigste Kennzeichen dieser Pflanzenfamilie ist die Frucht, nämlich ein verholzender, mit Schuppen oder Stacheln versehener Fruchtbecher, in dem ein hartschaliger Samen sitzt. Weltweit gibt es 13 verschiedene Kastanienarten, die sich in Größe und Form ihrer Baumkronen wesentlich voneinander unterscheiden. Die vier bedeutendsten Arten sind die europäische (Castanea sativa), die chinesische (C. mollissima), die japanische (C. crenata) und die amerikanische (C. dentata) Kastanie. Während die europäische, chinesische und amerikanische Kastanie hohe kegel- bis kugelförmige Baumkronen ausbilden, entwickeln andere Arten in Ostasien und in den südlichen USA auch oft nur kleine, runde Kronen oder wachsen strauchartig.

Die in unseren Breiten heimische europäische Edelkastanie (Castanea sativa) ist die einzige in Europa natürlich vorkommende Art. Die Edel- oder Esskastanie ist ein Wald-, Zier- und Nutzbaum, der eine Höhe von bis zu 30 m erreichen kann, selten ist sie auch strauchförmig entwickelt.

Die Borke älterer Bäume ist dick, von tiefen Längsrissen durchzogen, grau und schützt so den Baum sehr gut vor Verletzungen. Jüngere Äste weisen hingegen eine glatte, dünne Rinde auf.

Das Wurzelsystem ist stark verzweigt und damit kaum anfällig für Windwurf und auch in der Lage, steile Hangböden zu stabilisieren und Erosion zu verhindern.

Die gedrungenen Knospen an den einjährigen Trieben sind ca. 5 mm lang und rotbraun gefärbt. Die länglichen lanzettartigen Blätter werden bis zu 20 cm lang und weisen einen scharf gezähnten Blattrand und eine sattgrün glänzende Oberfläche auf. Sie sind wechselständig angeordnet.

Die Edelkastanie ist einhäusig getrenntgeschlechtlich, das heißt, dass männliche und weibliche Blüten zwar an einem Baum aber nicht in einer gemeinsamen Blüte vorkommen. Die männlichen Blüten sind zu Knäueln vereinigte, grünlichgelbe, 10 bis 20 cm lange Kätzchen. Die eher unscheinbaren weiblichen Blüten stehen einzeln am Grund der männlichen Scheinähren und sind von einer grünen Hülle (Capula) umschlossen.

Die Bestäubung bei der Edelkastanie erfolgt sowohl durch Wind als auch durch Insekten. Die Blüten werden sehr gerne von Bienen und anderen Insekten besucht. Die Kastanie gilt deshalb auch als wertvolle Bienentracht. Durch unterschiedliche Blütezeiten verhindert der Baum eine Selbstbestäubung. So kommt es, dass jede Kastanie, welche keimt und sich zu einem Baum entwickelt, vom Mutterbaum wesentlich unterschieden sein kann (=Aufspaltung). Die dunkelbraunen Kastanien, zumeist drei an der Zahl, sind von einer anfangs grünen, später braunen stacheligen Fruchthülle, dem so genannten Kastanienigel, umschlossen, die in der Reifezeit aufspringt.

Die Ernte der Kastanien erfolgt je nach Sorte ab Mitte September bis Mitte Oktober. Das Sammeln der Früchte ist zumeist noch – manchmal durch die stacheligen Igel eine schmerzhafte – Handarbeit.

Standorte

Die Edelkastanie ist wärmeliebend. Sie mag warme Herbste und mindestens sechs Monate über +10 °C. Sie ist sehr empfindlich gegen Spätfröste. Gute Erträge bringt sie bei Niederschlägen zwischen 600 und 1600 mm pro Jahr. Eine verregnete Blütezeit im Juni verträgt sie schlecht. In dürregefährdeten Lagen, in Gebieten mit ausgeprägter Sommertrockenheit, sowie auf staunassem Boden gedeiht sie gar nicht.

Krankheiten

Die zwei wichtigsten Krankheiten wurden durch Pilze verursacht. Der Kastanienrindenkrebs wurde 1938 aus Amerika eingeschleppt (nachdem er – aus Asien kommend – die amerikanischen Kastanienbestände ruiniert hatte) und hat in den folgenden Jahrzehnten große Teile der Kastanienbestände vor allem in Südeuropa vernichtet. Man ist der Krankheit Herr geworden und so beginnt die Esskastanie sich in vielen Gebieten wieder zu erholen.

Die Tintenkrankheit befällt Bäume bevorzugt auf feuchteren Böden. Der Pilz dringt in die Wurzeln ein und führt zu Blattwelke, fehlender Fruchtbildung und zum Absterben der Krone.

Das Holz

der Kastanie hat einen warmen, goldbraunen Ton. Es ist leicht zu bearbeiten und im Freien auch ohne chemische Behandlung weitgehend witterungs- und fäulnisbeständig. Es kann recht gut gebogen werden. Aufgrund seiner Elastizität und Witterungsbeständigkeit wird es vielseitig genutzt.

Weinfässer wurden und werden aus Kastanienholz hergestellt. Ihre Verwendung ist leider selten geworden, weil sie sich schlecht stapeln lassen. Weine die in Kastanienfässern lagern, haben aber einen eigenen, oft wunderbaren Ton.

Holz von Hochwald-Bäumen wird zu Möbeln und zu Fenster- und Türrahmen verarbeitet. Kleinere Hölzer aus dem Niederwald werden zu Gartenzäunen, Weidepfosten, Wein- und Likörfässern. In der Vergangenheit war auch die Holzkohlenerzeugung und die Nutzung als Feuerholz von großer Bedeutung.

Das Holz wird außerdem für Eisenbahnschwellen, Decken- und Dachbalken und bei Hang- und Lawinenbauten sowie im Schiffbau eingesetzt.

Die Borke wurde in der Vergangenheit zum Ledergerben verwendet.

WAS ALLES AUS KASTANIEN ENTSTEHT Ganz wichtig: Kastanienhonig ist bernsteinfarben oder noch dunkler und – das schwöre ich – neben Thymianhonig der beste.

Traditionell ist die Schweinemast mit Kastanien, besonders in Spanien, Süditalien und auf Korsika. Würste und Salami aus mit Kastanien gefütterten Schweinen sind besonders fein.

Die Blätter werden in der Medizin bei Husten, Lungenbeschwerden und Durchfall eingesetzt. Ebenso kommt die durch den Gehalt an Gerbsäure bedingte adstringierende Wirkung der Blätter zum Einsatz. Der hohe Gehalt an Gerbsäure ist auch in der Rinde und im Holz vorhanden.

Im slowenischen Sevnica wird seit 1923 in der dort ansässigen Fabrik nach wie vor aus Kastanienholz und -rinde Tannin produziert und zu Produkten für die pharmazeutische und chemische Industrie verarbeitet.

Auch äußerlich werden die Früchte angewendet: als Maronidampfbad oder in der Sauna lindern sie rheumatische Beschwerden, Schlafstörungen und beruhigen.

Kastanienblätter finden sich in Aftershave-Lotionen und werden auch zum Färben von Stoffen verwendet.

ESSKASTANIEN ODER MARONI? Das Wort Maroni wird nicht einheitlich verwendet. Häufig werden damit einfach besonders große beziehungsweise schmackhafte Früchte bezeichnet. Und dann gibt es die Bezeichnung Maroni für bestimmte Sorten.

Esskastanien sind kleiner als Maroni. Die sind eher rund und einseitig abgeflacht. Die Schale ist meist dunkler und holzig-ledrig. Ihr Fruchtfleisch ist stark eingekerbt und die braune Samenhaut ist schwerer abzulösen als die von Maroni. Esskastanien sind weniger gut haltbar und trocknen leichter aus als Maroni. Auch ist ihr Geschmack weniger intensiv.

Maroni sind ei- oder herzförmig und haben eine flache, dreieckige Unterseite. Ihre rötlich-braune, oftmals gestreifte Schale ist heller und glänzender als die von Edelkastanien. Der Geschmack von Maroni ist intensiver und rahmiger als der von Edelkastanien.

Die Rosskastanien (Aesculus) sind im übrigen nicht mit den Esskastanien verwandt, der gleiche Name beruht auf der Ähnlichkeit ihrer Früchte (brauner Kern in stacheliger Hülle). Ach ja: mit den Wasserkastanien oder Chinesischen Wasserkastanien hat unsere Nuss gar nichts zu tun.

QUALITÄTSTEST Achten Sie beim Kauf darauf, dass die Maroni keine Wurmlöcher aufweisen. Ein untrügliches Zeichen von Frische sind pralle, glänzende Maroni. Matte und stumpfe Maroni sind alt und eingetrocknet.

Die Qualität von Kastanien lässt sich auch testen, indem man die Früchte in eine Schüssel mit lauwarmem Wasser legt. Frische Kastanien gehen unter, alte und wurmige Kastanien schwimmen an der Wasseroberfläche.

KONSERVIERUNG Frische Kastanien sind leicht verderblich und müssen zur Lagerung vorbehandelt werden. Eine traditionelle, heute nur mehr in der Türkei übliche Methode ist die „Ricciaia", bei der die Kastanien in den Fruchtbechern zu Haufen geschichtet werden, hier fermentieren und dadurch für einige Monate haltbar werden. Heute weit verbreitet ist die Hydrotherapie: die Früchte werden für einige Tage in kaltem Wasser eingelegt, die Milchsäuregärung führt zu einer Konservierung der Kastanien, anschließend werden sie getrocknet. Weitere Konservierungsmethoden sind Trocknen, gekühlte Lagerung, Begasung mit Methylbromid, Lagerung unter Kohlendioxid-Atmosphäre und Tiefgefrieren.

Frische Maroni halten sich bei Zimmertemperatur 1 Woche und in einem Plastikbeutel im Kühlschrank 1 Monat. Ungeschälte Maroni kann man bis zu 6 Monate einfrieren.

Gegarte und geschälte Maroni müssen Sie im Kühlschrank lagern und nach wenigen Tagen aufbrauchen. Eingefroren halten sie sich immerhin 6 Monate.

INHALTSSTOFFE Die Wiener Lebensmitteluntersuchungsanstalt gibt bekannt:

„Esskastanien und Maroni – Inhaltsstoffe und Gesundheitswert

Esskastanien sind fettarm, daher nicht so kalorienreich wie Nüsse. Auch der Eiweißgehalt der Maroni ist im Vergleich zu Nüssen geringer.

Sie enthalten wertvolle Kohlenhydrate in Form von Stärke, die erst durch das Rösten aufgeschlossen wird. Diese ist gut bekömmlich und leicht verdaubar. Deshalb sind Maroni sehr gute Energielieferanten für zwischendurch.

Maroni liefern reichlich B-Vitamine, die für die Nervenfunktionen wichtig sind, aber auch Vitamin E und C für ein gutes Immunsystem.

In Esskastanien finden sich jede Menge Mineralstoffe wie Kalium und Magnesium für einen gut funktionierenden Stoffwechsel."

Es sei noch nachgetragen, dass Maroni etwa 200 Kalorien pro 100 Gramm, andere Nüsse aber fast 400 Kalorien enthalten (zugegeben, dafür enthalten sie wertvolle Fette, die der Maroni fehlen).

Eine gute Nachricht für Allergiker: Kastanien sind frei von Prolamin und Glutein. Maroni-Mehl ist für Weizenallergiker und Zöliakie-Patienten geeignet. Kastanien sind sehr basische Lebensmittel und helfen, der Übersäuerung des Körpers entgegenzuwirken.

Die enthaltene Aminosäure Tryptophan ist Baustein für die körpereigene Produktion des „Glückshormons" Serotonin. Kastanien haben eine ähnliche Wirkung wie Schokolade – vielleicht ist das ja ein Grund für die Beliebtheit der Maronibrater.

REZEPTE

Grundrezept: Maroni zubereiten, schälen und haltbar machen

Kochen oder rösten?

Bei der Zubereitungsmethode gehen die Meinungen auseinander. Man kann die Kastanien in sprudelndem Wasser etwa 6 Minuten kochen, was das Schälen erleichtert, aber den Geschmack beeinträchtigt.

Die gängigere Methode ist das Rösten von Maroni im Ofen. Man rechnet pro Person etwa eine gute Handvoll. 1kg Maroni entspricht etwa 850g geschälten Maroni. Wenn Sie also essfertige Maroni kaufen berechnen Sie den Unterschied ein.

Ganz gleich, ob gekocht oder geröstet, die Schale und die bittere Samenhaut müssen vor dem Verzehr entfernt werden.

Maroni rösten

Maronen vor dem Rösten auf der gewölbten Oberseite kreuzweise mit einem scharfen Messer einritzen. Dabei darauf achten, nur nicht die Schale, sondern auch die darunter liegende braune Samenhaut einzuritzen. Dies verhindert, dass die Maroni unter starker Hitzeeinwirkung „explodieren“.

Man kann die Kastanien auch vor dem Rösten uneingeritzt 1 Stunde lang in kaltes Wasser legen. Danach muss die Schale mit der darunter liegenden braunen Samenhaut wie beschrieben eingeritzt werden. Eingeweichte Maroni lassen sich leichter einritzen, weil die Schale weicher ist.

Maronen werden im vorgeheizten Backofen bei 180° bis 200 °C geröstet. Die Maroni werden auf das heiße Backblech gelegt. Hat man die Maroni vorher eingeweicht, zischt es – also Vorsicht vor dem heißen Dampf! Wenn man vor dem Rösten etwas Wasser um die Maroni sprenkelt, geht das Schälen einfacher.

Die Garzeit beträgt je nach Größe 15 bis 25 Minuten. Sie sind gar, wenn sich die Schale nach außen wölbt bzw. aufplatzt. Anschließend entfernen Sie die Schale und die Samenhaut darunter.

Schälen leicht gemacht

Wenn man die Maroni nach dem Rösten mit einem feuchten Geschirrtuch bedeckt, platzt die Schale noch etwas mehr auf und sie lassen sich leichter schälen. Wenn die Schale sich schwer ablöst, kann man die Maroni nach dem Rösten auch einige Minuten in Salzwasser kochen. Der Geschmack ist dann allerdings weniger gut.

Geröstete Maroni kann man nach dem Schälen warm aus dem Ofen essen, einfach so oder mit etwas Salz und Butter. (Siehe auch Beilagen)

Maronisalat mit Stangensellerie und Äpfeln

Einen meiner Lieblingssalate verdanke ich einem Kochbuch von Sarah Wiener

400g geschälte Maroni • 4 Stangen Staudensellerie • 2 Äpfel • Saft von 1 Zitrone • 2 El Nussöl • Salz und Pfeffer aus der Mühle • Einige Blätter Endiviensalat • 2 EL gehackte Walnusskerne

Die Maroni in Salzwasser 15 Minuten weich kochen. In der Zwischenzeit den Sellerie waschen, putzen und in dünne Scheiben schneiden. Selleriegrün fein hacken und zur Seite legen. Die Äpfel waschen und trocken reiben, vierteln und vom Kerngehäuse befreien. Die Viertel in Spalten schneiden und mit der Hälfte des Zitronensafts beträufeln.

Die gekochten Maroni abschrecken und in dünne Scheiben schneiden. Mit Sellerie und Äpfeln vermischen. Aus dem restlichen Zitronensaft mit Salz, Pfeffer und Nussöl eine Salatsauce rühren.

Den gewaschenen und trocken geschleuderten Endiviensalat auf Tellern ausbreiten, den Maronisalat darauf verteilen, mit der Salatsauce beträufeln und mit Walnusskernen und dem Selleriegrün garniert anrichten. ***Als Variante*** würde ich Birnen statt Äpfel vorschlagen. Und Feld- oder Vogerlsalat lässt sich ebenfalls bestens mit Maroni und Nussöl kombinieren.

Oignons au marrons
Maroni mit Zwiebeln

Im Elsass serviert man Maroni als Gemüse. In Claudia Rodens Standardwerk über die jüdische Küche zitiert sie Suzanne Roukhomovskis elsässisches Rezept aus der *Gastronomie juive.* Das Gericht schmeckt köstlich.

Für 6 Portionen: 500 g Maroni • 1 große Zwiebel, in Scheiben geschnitten • 3 EL Pflanzenöl, Butter oder Gänseschmalz • Salz und Pfeffer

Schneiden Sie die bauchige Seite der Maroni mit einem scharfen Messer ein und legen Sie sie unter einmaligem Wenden einige Minuten unter den Grill, bis sie leicht gebräunt sind. Sie können Sie auch im Ofen braten. Garen Sie die Maroni nur so lange, bis sie sich schälen lassen, jedoch nicht braun werden. Schälen Sie sie noch heiß. Braten Sie die Zwiebel im Fett goldgelb. Fügen Sie die Maroni hinzu und würzen Sie mit Salz und Pfeffer. Dünsten Sie sie mit Wasser bedeckt 30 Minuten lang. Die Sauce sollte stark eingekocht sein. *Variante:* Karamellisieren Sie 2 EL Zucker in einer Kasserolle hellgelb, wenden Sie darin die Kastanien und die Zwiebeln, bedecken Sie diese mit einer Tasse Gemüsebrühe oder Hühnersuppe und dünsten es solange, bis das Wasser verdampft ist, so dass die Kastanien glasieren. Dies ist sowohl eine Vorspeise als auch eine hervorragende Begleitung zu einer Hauptspeise.

Kastaniencrème

Kommt Ihnen das ewige Hummus auch schon bei den Ohren heraus? Eine prima Alternative wurde laut Internet in Kastanitsa (Peloponnes) serviert. Authentischer geht's nimmer!

Zutaten für 4 Personen: 500 g gekochte Kastanien • 1 große rote Zwiebel (oder mehr) • viel Knoblauch • Salz und Pfeffer • 2–3 EL Olivenöl

Kastanien pürieren. Zwiebel fein hacken, Knoblauch ganz fein schneiden (Ich gehöre zu denjenigen, die Knoblauchpressen nicht mögen) und unter die Kastanien mengen. Das so entstandene Püree mit Salz, Pfeffer und Olivenöl abschmecken. Fertig. Ich empfehle dazu einen frischen Weißwein.

Castagne con la battuta

Im Friaul werden geröstete und kurz gekochte Kastanien in Portionsschälchen mit kalter Buttermilch übergossen und als Antipasto gereicht.

Grundsätzlich gibt es zwei Kategorien, in die man die unzähligen Kastaniensuppenrezepte einteilen kann: diejenigen, bei den die Kastanien püriert werden und diejenigen, bei denen sie ganz bleiben. Eine Form der pürierten ist die

Maronisuppe

wie ich sie gern mache:

Zutaten: ½ kg Esskastanien • ¼ l Weißwein • 2 EL Butter • 1 mittelgroße Zwiebel • 1½ l Fleischbrühe • etwas Nelkenpulver • ¼ l Schlagobers • Salz und/oder Zucker • Petersilie

Die in der Schale aufgeschnittenen Kastanien im kochenden Wasser aufbrühen und abschrecken. Danach schälen und von ihrer bräunlichen Haut befreien und zusammen mit gehackter Zwiebel in Butter leicht anbraten und mit dem Weißwein ablöschen und andünsten. Nach ein paar Minuten mit etwas Fleischbrühe aufgießen und weich köcheln lassen. Die Kastanien herausnehmen und durch ein Sieb passieren oder zerstampfen. Den Brei zusammen mit der restlichen Fleischbrühe in den Suppentopf zurück gießen und nochmals unter kräftigem Rühren aufkochen lassen. Die Suppe lässt sich je nach Geschmack mit etwas Salz oder Zucker verfeinern. Kurz vor dem Servieren Schlagobers und eine sehr zarte Prise Nelkenpulver einrühren. Mit gehackter Petersilie bestreut servieren.

Eine etwas heftigere Variante der Kastaniencrèmesuppen ist die

Südtiroler Kestnsupp

150 g Kastanien • 100 g frische, bzw. eingeweichte weiße Bohnen • 1 l Gemüsebrühe oder ¾ l Milch • 80 g Butter • 2 EL Kastanienmehl • 1 Zwiebel • Salz und Pfeffer

Die Kastanien werden zusammen mit den Bohnen in der Gemüsebrühe, in die die Butter eingerührt wird, oder in der Milch weich gesotten, kurz aufgekocht und mit dem Kastanienmehl eingedickt. Man gibt die klein geschnittenen Zwiebeln hinzu und lässt das Ganze noch 20 Minuten köcheln. Vor dem Servieren wird die Suppe mit Salz und Pfeffer abgeschmeckt.

Potage Clermont

Kastanien-Sellerie-Crèmesuppe

Die Kombination von Kastanien und Sellerie begegnet uns immer wieder. So auch bei dieser aus dem mittleren Frankreich stammenden Suppe.
Mischen Sie 6 Teile fertig gekochte Kastanien, 2 Teile Knollensellerie und einen Teil angeschwitzte Zwiebeln und kochen Sie die Zutaten in einer Hühnerbrühe weich. Passieren Sie alles und schmecken Sie die Suppe mit Salz, Pfeffer, Muskatnuss und Obers/Sahne ab. Zur Suppe passt frische Brunnenkresse – oder als Einlage gebackene Zwiebelringe oder ein wenig gehobelte Trüffeln.

Odenwälder Kastaniensuppe
mit gerösteten Brotwürfeln und Blutwurst

Diese spannende Version fand ich auf den Seiten von chefkoch.de

500 g Maroni, bereits geschält • 1 kleine Zwiebel • 70 g Knollensellerie • 1 TL Puderzucker • 4 EL Butter • 3 TL Kirschwasser • 800 ml Hühnerbrühe • 200 ml Schlagobers • abgeriebene Orangenschale • frisch geriebener Muskat • 1 EL Kümmel • 1 EL Koriandersamen • Chili • 1 Scheibe Roggenbrot • 1 TL Butter • Bohnenkraut • Salz • 4 Scheiben Blutwurst, dünn geschnitten

Zwiebel und Sellerie schälen und in feine Würfel schneiden. Puderzucker in einem Topf bei mittlerer Hitze hell karamellisieren. 1 EL Butter hinzufügen und die Kastanien darin andünsten. Zwiebel und Selleriewürfel zugeben und kurz mitdünsten. Mit 2 TL Kirschwasser ablöschen und mit Brühe aufgießen. Die Suppe ca 15 min. kochen lassen, bis die Kastanien weich sind.

Die Sahne hinzufügen und die Suppe mit Salz, Chilipulver, Muskatnuss und Orangenschale würzen. Die restliche Butter dazugeben und die Suppe mit dem Stabmixer fein pürieren. Die Suppe mit Kirschwasser verfeinern und mit Salz und Chili abschmecken.

Für die Einlage das Roggenbrot in kleine Würfel schneiden. Kümmel und Koriander in eine Gewürzmühle füllen. Butter in einer Pfanne erhitzen und die Brotwürfel darin knusprig braten. Mit den Gewürzen aus der Mühle, dem Bohnenkraut und Salz würzen und auf Küchenpapier abtropfen lassen.

Die leicht erwärmte Blutwurst in Scheiben schneiden. Die Suppe nochmals aufschäumen, auf vorgewärmte Teller verteilen, und mit der Blutwurst und den Brotwürfeln bestreuen. Mit abgeriebener Orangenschale garnieren.

Spanische Kastaniensuppe
mit Kichererbsen

Zutaten für 4 Portionen: 3 Karotten • 1 Petersilwurzel • 1 kleine Rote Rübe • 2 Zwiebeln • 1 EL Butter • 300 g Kastanien • 100 ml Süßwein • 1 l Hühnerbrühe • frischer Thymian • Salz und Pfeffer • Chili nach Belieben • 200 ml Obers • 125 g Kichererbsen, gekochte, aus dem Glas • ½ Bund Rucola

Den Ofen auf 180 °C vorheizen, mit Umluft auf 160 °C. Die Karotten so sauber waschen, dass man die Schale mitessen kann, Rote Rübe und die Petersilwurzel schälen. Das Gemüse ganz dünn schneiden. Ein Backblech mit Backpapier auslegen, die Gemüsescheiben darauf verteilen und im Ofen 8 Minuten garen. Danach den Backofen bei geöffneter Tür abkühlen lassen und bei 70 Grad Umluft solange trocknen bis aus dem Gemüse Chips geworden sind. Man sollte die Tür dabei ab und zu aufmachen, damit der Wasserdampf abziehen kann. Nach dem Abkühlen die Chips trocken und luftdicht aufbewahren.

Für die Suppe die Zwiebeln schälen und in Würfel schneiden. Die Butter in einem Topf erhitzen, bis sie zu schäumen beginnt. Die Kastanien und die Zwiebelwürfel nun 5 Minuten in der Butter dünsten. Mit Süßwein ablöschen und mit der Hühnerbrühe aufgießen. 30 Minuten bei mittlerer Hitze kochen. Die Hälfte des Thymian in die Suppe geben und diese ganz fein pürieren. Mit Salz und Pfeffer abschmecken.

Das Obers halbsteif schlagen. Die Suppe unmittelbar vor dem Servieren noch einmal aufkochen, vom Feuer nehmen und mit dem Obers durchmixen.

Die gekochten Kichererbsen abgießen, abtropfen lassen und der Suppe beifügen.

Die angerichtete Suppe wird mit den kurz zuvor leicht gesalzenen Gemüse-Chips und Rucola garniert.

Zuppa di castagne

In den Piemontesischen und Tessiner Alpentälern bereitet man eine *Zuppa di castagne* mit ganzen Kastanien zu: Man kocht ½ kg bereits gekochte und geschälte Esskastanien in zwei Litern Bouillon auf. Gleichzeitig gibt man Gemüse wie etwa Karotten, Pastinaken, Bärenklau, Petersilie und Gelbe Rüben hinzu, oder variiert mit Sellerie und/oder Fenchel. Die Suppe schmeckt auch sehr gut mit Speck oder trockenen Würsten. Gewürzt wird mit frisch gemahlenem Pfeffer, Salz und Muskatnuss.
Kurz vor dem Servieren versetzt man die *Zuppa* mit Rahm und frisch gehackter Petersilie, Mutterkrautblättern (Ligusticum) oder Kümmelblättern. Die Suppe wird immer besser wenn man sie aufwärmt.
Variante: Eine eingedickte Suppe (probieren Sie es mit Hühnerbrühe, etwas Weißwein und einer leichten Bechamel) mit ganzen Kastanien wird in den Cevennen zu Hasen-, Krähen- oder Drosselfleisch gereicht. Geht natürlich auch zu anderem Geflügel oder Kaninchen.

ALS BEILAGE zu Braten, Wildgerichten, Ragoûts sind Maroni hervorragend geeignet, sei es einfach als gebratene Maroni, in Gemüsekombination mit Kohlsprossen (Rosenkohl), Knollensellerie, Stangensellerie oder Kohl, Wirsing und mein Favorit: Fenchel. Oder als Fülle für Geflügel oder Rouladen mit Äpfeln, Birnen und Quitten. Oder als Püree.

Als Gewürze harmonieren sehr gut Thymian, Rosmarin und Muskatnuss.

Und aus Kastanienmehl kann man wunderbare Teigwaren wie Nudeln und Nockerln machen. Kastanienmehl bekommen Sie in guten Reformhäusern. Aber der Reihe nach.

Maroni im Backrohr gebraten und als Beilage serviert

Zu den gebratenen Maroni (Zubereitung siehe Seite 24) passen besonders gegrillte Lammkoteletts, gebratene Wildgerichte – Rehrücken und Hirschrückensteaks –, Wildschwein- sowie Hasen- und Kaninchenragoûts.

Ballotte

Man kann die geschälten Maroni auch einfach kochen. In den Bergdörfern des Appenin gibt es eine Zubereitungsart, *ballotte* genannt, bei der zum Maroni-Kochwasser einige Fenchelsamen zugefügt werden. Ergibt ein ganz eigenes Aroma.

Maronipüree

Die fertig gegarten Kastanien passieren, mit Salz, Pfeffer, Muskatnuss und Maraschino oder Kirschwasser abschmecken und mit geschmolzener Butter und Obers zur Konsistenz eines Pürees rühren.

In Frankreich wird das Püree immer mit Vanille parfümiert. Die Kombination ist nicht nur in Frankreich sehr beliebt, aber wird vielleicht nicht jeder oder jedem gefallen.

Sie können natürlich genau so gut fertiges Maronipüree nehmen und mit den Gewürzen, Butter und Obers nach Belieben verfeinern.

Maraschino hebt den Geschmack der Kastanien und ist als Zutat auch in vielen Kastaniendesserts zu empfehlen.

Kastaniennudeln

100 g Kastanien-Mehl • 200 g Mehl, doppelgriffig (Dunst, Spätzlemehl) • 3 Eier • ½ TL Salz

Das Kastanienmehl, das Weizenmehl und das Salz trocken vermischen. Eier hinzufügen und alles zu einem Teig verkneten. Wenn nötig, noch ein wenig Wasser hinzufügen.

Den Teig zu einer Kugel formen, in Folie einschlagen und ca. 1 Stunde ruhen lassen.

Den Teig mit einem Nudelholz oder einer Nudelmaschine ausrollen und Nudeln gewünschter Breite schneiden.

Kastaniennockerl

Mischen Sie 200 g Weizenmehl und 200 g Kastanienmehl in einer Schüssel. Fügen Sie nach und nach 3 Eier, etwas Salz und ¼ l Wasser hinzu und rühren Sie den Teig stark bis er nur noch zäh und langsam von einem Löffel tropft. Je nach Konsistenz müssen Sie noch Mehl oder Wasser hinzufügen.

15 Minuten später stechen Sie mit zwei Esslöffeln kleine Portionen aus dem Teig heraus und lassen sie in viel kochendes Salzwasser gleiten. Wenn die Nockerl wieder an die Oberfläche kommen, sind sie fertig gekocht. Heben Sie sie mit dem Esslöffel aus dem Wasser, servieren Sie sie sofort zu Braten, Wildgerichten und allen Formen von Ragouts. Mit Kastanienpüree ergeben die Nockerl auch eine gute Hauptspeise.

Variante Ganz anders entstehen die süßen Kastaniennockerl: Je ein ¼ kg Kastanienmehl und Weizenmehl miteinander gut mischen und eine Prise Salz zugeben. Dann mit Wasser einen dicken, omelette-artigen Teig anrühren. In einer Pfanne Öl oder Butter erhitzen und den Teig löffelweise einfüllen und goldig bis knusprig herausbacken.

Man kann den Teig auch als Omelette anrühren, wenn man Ei und Milch beigibt. Dazu passen hervorragend Beeren aller Art.

Maronipolenta

150 g Kastanienmehl • 150 g Maisgrieß • 1,2 l Milch • Muskatnuss • Rosmarin • Salz und etwas Butter.

Mehl und Grieß werden langsam in die erwärmte Milch eingerührt und unter ständigem Rühren zu einem dicken Brei eingekocht. Sie sollten den Brei zehn Minuten im Ofen ziehen lassen, bevor Sie ihn auf eine Platte stürzen, die Gewürze darüber streuen und mit der zerlassenen Butter übergießen.

Sie können die Maronipolenta auch mit Käse ihrer Wahl bestreuen, allerdings bin ich der Ansicht, dass der zarte Maronigeschmack darunter leidet.

Kastanienchutney

Eine sehr spannende und ungewöhnliche Beilage ist ein Chutney mit Kastanien.

4 große, rote, geschälte Zwiebeln • 1 Fenchelknolle • 3 EL Olivenöl • 250 g Esskastanien, geschält • 60 g Rohrohrzucker • 100 ml trockener Sherry • 100 ml Apfelessig • Salz, Pfeffer

Zwiebeln klein schneiden und mit dem klein gewürfelten Fenchel in Olivenöl etwas andünsten, bis das Gemüse glasig wird. Die gekochten und geschälten Kastanien vierteln und zusammen mit Zucker, Sherry, Essig, Salz und viel Pfeffer unterrühren. Auf kleiner Flamme kö cheln lassen, bis das Chutney eingedickt ist. Sofort in sterile Schraubdeckelgläser abfüllen und an einem kühlen und dunklen Ort lagern. Das Chutney kann etwa ein halbes Jahr aufbewahrt werden.

HAUPTSPEISEN

Risotto mit Maroni

400 g Risottoreis • 1 l Gemüsebrühe oder Hühnerbrühe • 200 ml Weißwein • 200 g Maroni, gekocht und geschält • 2 Knoblauchzehen • 1 Zwiebel • 80 g Parmesan, gerieben • Salz und Pfeffer • Petersilie • Olivenöl • evtl. Butter • evtl. Arganöl

Die Zwiebel und die Knoblauchzehe in feine Würfel schneiden, die Maronen ebenfalls klein schneiden. Gemüsebrühe in einem Topf erhitzen. Zwiebel und Knoblauch in einem zweiten Topf in Olivenöl anschwitzen, Reis dazu geben und ebenfalls kurz anschwitzen. Mit Wein ablöschen und diesen komplett einkochen lassen, erst dann unter stetigem Rühren nach und nach die Brühe dazugeben. Die Maronen ebenfalls zufügen und mitkochen lassen. Mit Salz und Pfeffer würzen.

Wenn der Reis al dente ist, vom Herd nehmen und den Parmesan und die Petersilie unterrühren. Evtl. noch 1 EL Butter oder etwas Arganöl unterrühren.

Nudeln mit gerösteten Maroni und Lauch

Ein Rezept aus den Cevennen

Zutaten für 4 Personen: etwa 180 g frische Kastanien oder 140 g tiefgekühlte • ausgelöste Kastanien • 1 Lauch • 1 Schalotte • fein gehackt • 1 EL Butter • 7 cl Noilly Prat oder trockener Sherry • 15 cl Rahm • 15 cl Crème fraîche • abgeriebene Schale einer Zitrone • Salz • Pfeffer und 400 g schmale Nudeln • 2 EL Butter zum Braten • 2 Knoblauchzehen, fein gehackt

Die frischen Kastanien wie auf Seite 24 beschrieben im Ofen rösten und schälen. Oder: Die tiefgekühlten Kastanien auftauen lassen. Ausgelöste oder aufgetaute Kastanien klein würfeln.

Lauch putzen und in Streifen schneiden.

Die Schalotte in der Butter andünsten. Den Lauch beifügen und kurz mitdünsten. Mit Noilly Prat oder Sherry ablöschen. Rahm und Crème fraîche verrühren und beifügen. Noch so lange kochen lassen, bis die Sauce leicht bindet. Mit Zitronenschale, Salz und Pfeffer abschmecken.

Die Nudeln in reichlich kochendem Salzwasser knapp weichgaren.

Gleichzeitig die Kastanienwürfelchen in der heißen Butter knusprig rösten. Knoblauch beifügen, salzen und pfeffern.

Teigwaren abschütten und sofort mit der Lauchsauce mischen. Auf 4 Tellern anrichten, mit den Kastanienwürfelchen bestreuen.

Kastanienpüree als Beilage oder Füllung

Hier ein Vorschlag für die Fülle, die Sie für jedes Geflügel verwenden können.

500 g Esskastanien • kleine, halbe Sellerieknolle • ⅛ l Schlagobers • ⅛ l Milch • 2 EL Butter • etwas Zitronensaft und Cognac

Kochen Sie die geschälten und halbierten Kastanien mit der Sellerieknolle weich, fügen Sie Schlagobers, Milch, Butter, Zitronensaft und Cognac zu, verrühren Sie das Ganze und schmecken Sie mit Salz ab. Wunderbar!

Hühnerrouladen mit Maronifülle

500 g Hühnerbrust (4 Schnitzel) • ¼ l Rotwein • ⅜ l Bratensaft • 2 EL Preiselbeerkompott
Fülle: ¼ kg geschälte, gebratene Maroni • 1 Ei • 3 EL Schlagobers • 2 EL gehackte Petersilie • Salz und Pfeffer • Zimt • Zitronensaft • Öl

Ein Drittel der Maroni kleinwürfelig schneiden, die restlichen Maroni mit dem Ei und dem Schlagobers zu einem glatten Mus passieren. Die Maroniwürfel und die Petersilie einrühren und mit Salz und Pfeffer würzen.

Die Schnitzel zwischen Frischhaltefolie legen, behutsam klopfen und mit Salz und Pfeffer würzen. Dann die Schnitzel gleichmäßig mit der Fülle bestreichen, fest einrollen und mit einem Spagat zusammenbinden.

Die Rouladen in etwas Öl anbraten, mit dem Wein ablöschen, die Pfanne zudecken und die Rouladen auf kleiner Flamme ca. 20 Minuten dünsten, dabei mehrmals wenden.

Die Rouladen aus der Pfanne heben und den Spagat entfernen. Den Bratenfonds mit dem Bratensaft aufgießen, aufkochen und die Preiselbeeren einrühren. Sauce mit einem Stabmixer aufschlagen, mit etwas Zitronensaft und Zimt würzen.

Die Rouladen schließlich in der Sauce erwärmen, vor dem Servieren in Scheiben schneiden und mit der Sauce anrichten.

Dazu passen sehr gut alle Kohlsorten.

Gefüllte Gans mit Maroni

Auch in der elsässischen Küche hat die Esskastanie einen prominenten Platz. Eine Alternative zur üblichen Weihnachtsgans oder zum Martinigansl ist die Version, die der elsässische Starkoch Marc Haeberlin vorschlägt.

Für 8 Personen: 1 Gans mit Leber (3 kg, ausgenommen) • 250 g geschälte Maroni, 125 g Schweinekamm (entbeint) • 125 g fetter Speck • 125 g Kalbsschulter • 150 g Toastbrot • 100 ml Milch • 1 kleingeschnitte Schalotte • 1 TL Quatre-épices (Gewürzmischung aus Pfeffer, Muskatnuss, Gewürznelke und Zimt) • 1 EL Cognac • 2 EL Portwein • 20 g Butter • 100 g Gänseschmalz • Salz und Pfeffer

Heizen Sie den Backofen auf 200 °C vor. Schneiden Sie das Toastbrot in Scheiben und weichen Sie es in der Milch ein. Die Schalotte dünsten Sie in der Butter an.

Im Fleischwolf faschieren Sie Schweinekamm, Kalbsschulter, Speck und die geputzte Gänseleber. Vermengen Sie in einer Schüssel das faschierte Fleisch, das abgetropfte und verknetete Toastbrot, die Schalotte, den Cognac, den Portwein und die Gewürzmischung. Salzen und pfeffern Sie das Ganze und mischen Sie die Maroni in diese Farce und füllen Sie mit ihr die Gans. Nähen Sie die Öffnungen der Gans mit Küchengarn zu.

Bestreichen Sie die Gans mit Gänseschmalz und legen Sie sie in eine feuerfeste Form. Sie wird etwa 2 Stunden im Ofen gebraten, Sie sollten sie dabei öfter mit dem austretenden Bratensaft beträufeln. Wenn die Gans gar ist, richten Sie sie auf einer Servierplatte an, entfetten Sie den restlichen Bratensaft und gießen Sie ihn durch ein Sieb in eine Saucière.

Hier passen sehr gut Äpfel und Rotkraut dazu.

Apropos Gansl und Martini: In Portugal bietet der heilige Martin im November Anlass für einen eigenen Maronifeiertag mit eigenen Speisen. Hier der

Arroz de São Martinho

Es handelt sich hier um ein Kastanien-Reisfleisch

Zutaten für 4 Portionen: 800 g Rindfleisch in Würfel geschnitten • 50 ml Öl • 3 Knoblauchzehen • 1 mittelgroße Zwiebel • 2 Karotten • 200 g geschälte Maroni • 300 g Reis • 1 EL Pinienkerne • 1 EL Rosinen • 1 Zweig Rosmarin • 1 Bund Petersilie • Salz

Braten Sie das Fleisch im Öl an, ebenso die in Scheiben geschnittenen Möhren, die Zwiebeln und den gehackten Knoblauch. Fügen Sie Wasser hinzu und kochen Sie das Ganze etwa 25 Minuten. Mischen Sie nun den Reis, die Maroni, die Pinienkerne und die Rosinen unter das Fleisch, würzen Sie mit Rosmarin und Salz, fügen Sie noch etwas Wasser hinzu und lassen Sie alles noch 15 Minuten bei schwacher Hitze köcheln bis der Reis gar ist. Garnieren Sie die Speise mit Petersilie.

Spieße mit Maroni

200 g Schweinsfilet • 200 g Lammrückenfilet • 1 Zwiebel • 1 Paprika (grün, gelb oder rot) • 150 g Champignons • 150 g Maroni • Salz, Pfeffer, Thymian und Rosmarin • Öl

Das Fleisch wird in gleich große Stücke geschnitten, Zwiebel und Paprika in ähnlich große Stücke zerteilt. Fleisch, Zwiebel, Paprika, die ganzen Champignons und die ganzen gekochten Kastanien werden auf Spieße gesteckt, gewürzt und mit Öl bestrichen. Grillen Sie die Spieße auf jeder Seite jeweils ca. 3 Minuten.

Dazu passen sehr gut Salate.

Truthahn gefüllt mit Kastanien

In den USA sind Kastanien in der Küche sehr beliebt. Hier deshalb ein Klassiker, der gefüllte Truthahn zu Thanksgiving, den in den USA natürlich jeder anders zubereitet, und dies oft auch mit Maroni.

Zutaten für 12 Portionen: 1 Truthahn, 8–10 kg • 1 kleines Weißbrot oder ca. 10 Scheiben Toastbrot • 500 g fertig gegarte und geschälte Kastanien • 2 große Zwiebeln, klein gewürfelt • 2 große säuerliche Äpfel, klein gewürfelt • 100 g Geflügelleber • 1 Stangensellerie • 1 Bund Petersilie • 3 Knoblauchzehen • 250 ml Hühnerbrühe • Salz und Pfeffer • Muskatnuss • Olivenöl • Preiselbeeren und etwas Weißwein.

Füllung vorbereiten: Weißbrot fein würfeln, ebenso Zwiebel, Äpfel, Sellerie. Leber fein schaben und die Petersilie und den Knoblauch fein hacken. Alles zusammen mit den ganzen gekochten Kastanien in einer großen Schüssel mit der Hühnerbrühe mischen und mit Salz, Pfeffer und Muskatnuss würzen und beiseite stellen.

Den Truthahn gründlich abspülen und trocken tupfen. Mit der Füllung stopfen und dann zunähen oder mit Zahnstochern verschließen.

Olivenöl, Gewürze und Knoblauch mischen, den Truthahn damit einreiben und in einem entsprechenden Bräter in den vorgeheizten Ofen setzen.

Den Truthahn sollten Sie immer wieder mit der Olivenölmischung bepinseln. Je nach Gewicht braucht er bei 180 °C 2½–3½ Stunden.

Anschließend den Bratensaft in einem Topf auffangen, Fett abschöpfen, mit Preiselbeeren und Weißwein und Gewürzen abschmecken.

Variante: Wenn Sie beispielsweise eine Ente mit Maroni füllen, passen Äpfel, Birnen und besonders Dörrzwetschgen sowie Nelken, Thymian und Rosmarin dazu.

Maroni-Kroketten

Ich liebe Kroketten. Aus Maroni sind sie mir noch lieber als aus Erdäpfeln. Sie finden sich auch im *Larousse gastronomique.*

500 g gekochte, geschälte Maroni • ¼ l Milch • 20 g Butter • 100 g Semmelbrösel • 2 Eier • Mark einer Vanilleschote • Schale einer unbehandelten Orange • Zimt • Öl • 150 g Zucker • Semmelbrösel zum Wälzen

Die Maroni werden weich gekocht, geschält und passiert. Dann werden sie mit einem Ei gemischt. Milch, Butter, Bröseln und die Gewürze werden vermischt, erhitzt und 5 Minuten bei niedriger Hitze köcheln gelassen. Anschließend wird es unter die Maronimasse gerührt.

Die Masse wird mit Hilfe eines Dressiersacks in Krokettenform gespritzt und die Kroketten im verbliebenen verquirlten Ei und dann in Bröseln gewälzt.

Die Kroketten werden in heißem Öl fritiert. Servieren Sie die abgetropften Kroketten mit einer Fruchtsauce oder einem Kompott und einem Süßwein

Tessiner Focaccia

250 g Maroni • ¼ l Milch • 1 EL Kastanienhonig • 40 g Butter • 2–3 Eigelb • 2–3 Eiweiß • Zimt, gemahlen • Kardamom • Fett für die Form

Die Kastanien werden in der Milch weichgekocht und anschließend gut püriert. Danach lässt man das Püree auskühlen und heizt den Ofen auf 180 °C vor.

Schlagen Sie die Butter zusammen mit dem Honig und den Gewürzen schaumig und rühren Sie die Eigelb un-

ter. Das Eiweiß wird zu einem steifen Schnee geschlagen und zusammen mit dem Kastanienpüree unter die Butter/Eigelbmasse gehoben.
Das ganze wird in eine gut gefettete Form gefüllt und in den Ofen geschoben. Die Focaccia braucht etwa 30–40 Minuten bis sie goldbraun ist. Dann stürzt man sie aus der Form und serviert sie heiß.

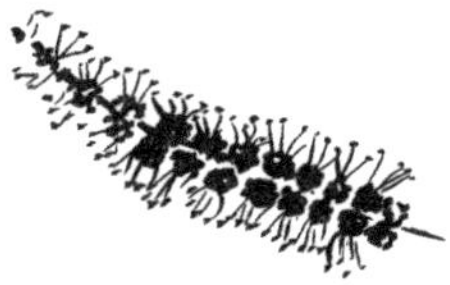

Maroni in Rotwein

Im Friaul werden die Maroni noch ungeschält in Rotwein gedünstet.

500 g Maroni • ¼ l trockener Rotwein • Salz • 2 Gewürznelken • 1 Lorbeerblatt • kalte Butter zum Montieren

Den Wein in einer Kasserolle zum Kochen bringen, etwas salzen, mit den Gewürznelken und dem Lorbeerblatt würzen, die ungeschälten Maroni dazugeben und bei geschlossenem Deckel etwa eine halbe Stunde bei mittlerer Hitze weich dünsten. Sobald sie sich mit einer Nadel fast widerstandslos anstechen lassen, den Deckel abnehmen und bei erhöhter Hitze den Wein bis auf einen kleinen Rest einkochen.
Lorbeerblatt und Gewürznelken entfernen, Maroni herausnehmen und heiß servieren – erst bei Tisch schälen. Den verbliebenen Wein vom Feuer nehmen und mit einigen eiskalten Butterstückchen zu einer Sauce montieren. Sobald die Maroni geschält sind, diese bei Tisch mit der Sauce übergießen.

Maronipalatschinken

70 g Maronimehl • 3 Eier • 150 ml Milch • Schale einer unbehandelte Orange • 1 Prise Salz • Öl oder Butter zum Backen

Rühren Sie in die verquirlten Eier nach und nach die anderen Zutaten ein, dann stellen Sie den Teig für 15 Minuten zur Seite. Nun erhitzen Sie das Fett in einer Pfanne und gießen Sie den Teig ins heiße Fett und backen Sie ihn zu dünnen Palatschinken.

Servieren Sie warm. Als Füllung würde sich auch eine Maronimarmelade eignen.

Maronimarmelade

1 kg Esskastanien • 1 l Wasser • 600 g Zucker • 2 Vanilleschoten • 4–6 cl Grappa oder Cognac

Esskastanien rundherum einschneiden und gar kochen. Herauslösen der Kastanien, Haut schälen, dann zerhacken und pürieren. Zucker in 1 Liter Wasser kochen, abschäumen und zu Sirup einkochen. Dann das Kastanienmus einrühren. Das Mark der Vanilleschoten dazugeben nebst den Schalen. Alles zusammen bei niedriger Hitze noch einmal 10 Minuten köcheln lassen, hin und wieder umrühren, damit es nicht anbrennen kann. Zu guter Letzt Schalen der Vanilleschote entfernen, die Marmelade mit Grappa oder Cognac abschmecken und heiß in Gläser füllen, mit steril gemachten Deckeln verschließen. Anstelle von Zucker können auch in Teilen Kastanienhonig und zum guten Ausgelieren ungeschälte, kleingeschnittene Äpfel eingesetzt werden.

Kestnkrapfen

In Südtirol werden Krapfen mit Kastanienfülle gemacht.

300 g Mehl • ½ Tasse Obers oder Milch • 3 EL Butter • 4 Eigelb • 30 g Hefe • ¼ Tasse Milch • Salz
Fülle: 200 g gedörrte Kastanien • Honig • Zimt • 50 g getrocknete Feigen • 2 cl Rum • 50 g Sultaninen • 50 g Mohn

Das gesiebte Mehl wird mit dem Obers (oder Milch), der geschmolzenen Butter, dem Eigelb, etwas Rum und Salz vermengt. Die Hefe wird mit der lauwarmen, restlichen Milch verrührt und der Masse beigefügt. Alles wird gut zu einem Teig verknetet, der so lange geschlagen wird, bis er Blasen wirft und sich vom Löffel löst. Dann wird er eine Stunde mit einem Tuch bedeckt an einen warmen Platz gestellt.

Anschließend stürzt man den aufgegangenen Teig auf eine bemehlte Fläche und rollt ihn etwa 2 cm dick aus. Auf der Teigfläche werden nun etwa 30–40 runde Teigscheiben ausgestochen.

Für die Fülle werden die gedörrten Kastanien gekocht, enthäutet und anschließend durch ein Sieb gedrückt. Dem so entstandenen Kastanienpüree fügt man nach Belieben Honig, eingeweichte Sultaninen, Feigen, den Rum und, so man möchte, auch Mohn hinzu.

Nun bestreicht man die Teigscheiben mit einem Kaffeelöffel voll der Fülle, klappt ein weiteres Teigstück darüber und drückt die Scheiben fest aneinander. Dann bedeckt man sie nochmals mit einem Tuch und lässt sie eine weitere halbe Stunde ruhen.

Danach erhitzt man etwas Fett in einer Pfanne und legt die Krapfen mit der oberen Seite nach unten hinein.

Sie sollten im Fett schwimmen und werden gebacken, bis sie eine goldbraune Farbe haben.

Wiener Kastanienreis

Der Kastanienreis gehört in Wien zum Repertoire jedes besseren Restaurants. Leider, wie ich finde, meistens zu süß. Daher finden Sie hier ein Rezept mit eher wenig Zucker.

800 g Esskastanien • 110 g Staubzucker • 1 EL Rum • 2 EL Vanillezucker • ¼ l Schlagobers/Schlagrahm • Staubzucker zum Bestreuen

Schneiden Sie die Kastanien ein, kochen Sie sie mit Wasser bedeckt 45 Minuten, schrecken Sie sie mit kaltem Wasser ab, schälen Sie sie und passieren Sie die Kastanien sehr fein. Verwenden Sie fertig gekochte Kastanien oder fertiges Purée dann nehmen Sie nur 650 g. Nun verkneten Sie die Kastanien mit allen anderen Zutaten außer dem Obers und pressen das Püree durch eine Kartoffelpresse auf die Teller und richten mit dem geschlagenen Obers an.

Variation Der Südtiroler „Vinschger Kestnpfeffer" wird mit wesentlich mehr Zucker bzw. Honig gemacht und kommt ohne Schlagobers aus.

Marrons glacés

Glasierte Maroni sind eine französische Köstlichkeit, die Sie in Pâtisserien und verpackt als Pralinés kaufen können. Sie können sie auch selber machen, auch wenn es zugegebenermaßen viel Arbeit ist.

500 g Kastanien • 500 g Zucker • 125 ml Wasser • einige Tropfen Vanilleessenz

Die gekochten und geschälten, möglichst schönen und großen Maroni werden in einen Vanillesirup aus Zucker, Wasser und Vanilleessenz getaucht. In diesem Sirup sollen sie etwa 10 Minuten köcheln. Dann werden die Maroni herausgefischt und zum Abrinnen und Trocknen auf ein Drahtgestell gelegt. Dort trocknen sie die nächsten 24 Stunden.

Am nächsten Tag werden sie wieder im erhitzten Sirup eingetaucht und solange eingekocht, bis sie von einer dicken Sirupschicht umschlossen sind. Dann werden sie wieder zum Trocknen auf das Drahtgestell gelegt und müssen solange liegen, bis sie ganz trocken sind. Dann können sie sie verpacken bzw. gleich genießen. Ein aufwändiger Prozess, aber es lohnt sich.

Pochierte Birne mit marrons glacés

Für 4 Personen: 4 Birnen • 5 dl Weißwein • 200 g Zucker • 1 Nelke • 1 Prise Zimt • 4 marrons glacés • 50 g Kuvertüre

Birnen schälen und Gehäuse mit einem Kugelausstecher ausstechen.

Weißwein, Zucker, Nelke und Zimt zusammen aufkochen. Die Birnen hineingeben und 15 Minuten bei kleiner Hitze ziehen lassen.

Birnen aus dem Sud nehmen und an der ausgestochenen Stelle mit je einer marron glacé füllen. Die Birnen im Kühlschrank etwa 20 Minuten abkühlen lassen.

Die Kuvertüre im Wasserbad schmelzen. Die Birnen auf Teller anrichten und mit der Kuvertüre zur Hälfte überziehen.

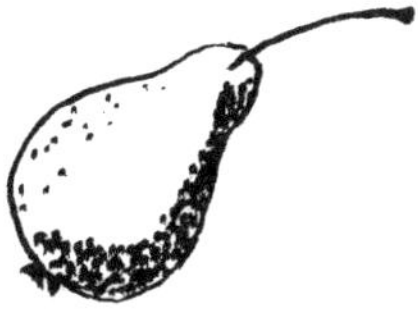

Birnen Tarte Tatin mit marrons glacés

Im Tessin gibt es die Firma Sandro Vanini, die Produkte aus Kastanien herstellt. Von ihr stammen die beiden Birnen-Maroni-Rezepte.

50 g Zucker • 4 Törtchenformen (Ø rund 10 cm) • 4 EL marrons glacés in Stücken • 2 Birnen • Blätterteig, rechteckig • wenig Puderzucker

Zucker in der Pfanne karamellisieren und in die Törtchenformen verteilen. Marrons Glacés Stücke ebenfalls in die Törtchenformen verteilen.

Birnen schälen, entkernen, halbieren und in feine Scheiben schneiden. Je eine halbe in dünne Scheiben geschnittene Birne mit der Oberfläche nach unten in je eine Törtchenform geben, die Scheiben leicht kippen. Törtchenformen mit Blätterteig decken, überschüssigen Teig abschneiden.

Im Ofen bei 180 °C ca. 20 Minuten backen.

Tarte Tatin stürzen und mit Puderzucker bepudern.

Zu dieser Tarte passt ganz gut ein Vanilleeis.

Busecchina

Wenn Ihnen das alles zu süß sein sollte, empfehle ich eine oberitalienische Busecchina.

500 g gedörrte Kastanien • ¼ l Weißwein • 0,2 l Obers

Weichen Sie die Kastanien in lauwarmem Wasser über Nacht ein. Putzen Sie anschließend die eventuell übrig gebliebenen Häute mit einer Bürste weg und legen Sie die Kastanien in eine Kasserolle, füllen Sie mit Wasser auf, so dass sie gerade bedeckt sind, fügen Sie den Weißwein bei und kochen Sie die Kastanien bei kleiner Hit-

ze 1½ Stunden. Sollte das Kochwasser bis dahin aufgebraucht sein, fügen Sie weiteres heißes Wasser hinzu.
Am Ende bleibt eine blaßrosa Sauce am Boden des Topfes übrig, der Rest ist von den Kastanien aufgenommen worden.
Servieren Sie die Kastanien in Glasschüsselchen mit etwas Sauce und gießen Sie etwas Sahne darüber. Ein Dessert ganz ohne Zucker!

Castagnaccio

Auch sehr einfach und mit wenig Zucker zuzubereiten ist ein Castagnaccio, ein Kastanienkuchen, den man mit Rosmarin, Pinienkernen und Fenchelsamen bestreut.

500 g Kastanienmehl • 3 EL Zucker • Olivenöl • Milch • 2 EL Pinienkerne • 2 EL in Wasser eingeweichte Sultaninen • Salz • Zum Bestreuen: Fenchelsamen, Rosmarin und Pinienkerne

Sieben Sie das Kastanienmehl in eine Teigschüssel, damit sich keine Klumpen bilden. Geben Sie eine Prise Salz und den Zucker dazu und vermengen Sie es unter stetem Rühren mit soviel Olivenöl, bis ein glatter und fester Teig entsteht. Durch Zugabe von Milch machen Sie den Teig dünnflüssig und fügen Sie Pinienkerne und Sultaninen dazu.
Pinseln Sie ein Backblech mit Olivenöl aus, verteilen Sie den Teig darauf und bestreuen Sie diesen mit Fenchelsamen, Rosmarin und weiteren Pinienkernen. Der Kuchen braucht bei mittlerer Hitze etwa 45 Minuten.

Nesselrode Pudding

Dass Kastanien in der US-amerikanischen Küche eine große Rolle spielen, habe ich schon erwähnt. Ganz berühmt und sehr geschätzt ist der Nesselrode Pudding, der – wie vieles in den USA – gar keine amerikanische Herkunft hat. Karl Robert von Nesselrode war ein in Portugal geborener, in Deutschland aufgewachsener russischer Diplomat. Er leitete die russische Delegation beim Wiener Kongress 1814/15, auf dem die nach-napoleonische europäische Landkarte festgelegt wurde. Es wird behauptet, der damals berühmt gewordene französische Küchenchef Antonin Carême, der den Wiener Kongress bekochte, habe für Nesselrode diesen wundervollen Eis-Pudding erfunden. Carême kochte später auch für den englischen König und wahrscheinlich auf diesem Weg geschah es, dass der Pudding in der englischen Upper Class so beliebt wurde und auch seinen Weg nach Amerika fand.

Für 6 Personen: ½ Tasse Korinthen • ½ Tasse Rosinen • ½ Tasse Maraschino • 4 Eigelb • 200 g Zucker • ¾ l Obers/Süßrahm • 250 g Kastanienpüree • Mark einer Bourbon-Vanilleschote • etwas Pflanzenöl

Weichen Sie die Korinthen und Rosinen 20 Minuten im Maraschino ein. Schlagen Sie das Eigelb in einer Metallschüssel zusammen mit 150 g Zucker auf Wasserdampf schaumig und rühren Sie – am Besten mit dem Schneebesen – langsam ½ l Schlagobers in die erwärmte Schüssel. Rühren Sie solange weiter, bis Sie eine cremige Masse erhalten. Nun nehmen Sie die Schüssel aus dem Wasserbad und rühren das Kastanienpüree, die Korinthen, Rosinen, den Maraschino sowie das Vanillemark in die Masse und stellen diese für eine halbe Stunde in den Kühlschrank.

Das restliche, möglichst kalte Obers mit 50 g Zucker sehr steif schlagen und unter die Nesselrode-Mischung rühren. Eine Auflaufform – was die Form der Form angeht, können Sie Ihrer Kreativität freien Lauf lassen – mit dem Öl bepinseln und mit der Masse befüllen. Die Form mit Alufolie abdecken und mindestens 6 Stunden im Kühlschrank fest werden lassen.
Zum Servieren halten Sie die Form kurz in heißes Wasser und stürzen Sie den Pudding auf eine gekühlte Platte, wobei Sie Form und Platte kurz auf den Tisch klopfen können, damit der Pudding herausgleitet.
Garnieren können Sie mit Schlagobers, glasierten Maroni und einem Schuß Maraschino.
Variante Wenn Sie die Korinthen, Rosinen, den Maraschino weglassen und stattdessen 6 eingeweichte Gelatineblätter und etwas Rum einfügen, erhalten Sie eine schöne Kastanien-Mousse, die Sie zum Beispiel mit einer Weinsauce zu einem hervorragenden Dessert machen können.

Kastanienbusserl

250 g Kastanien • 5 Eiweiß • 180 g Zucker • Backoblaten

Die Kastanien werden gekocht, geschält, enthäutet und püriert. Aus dem geschlagenen Eiweiß und dem untergehobenen Zucker wird eine Baisermasse zusammengerührt. Danach legt man die Backoblaten auf ein Backblech und setzt kleine Häufchen der zubereiteten Masse darauf.
Das Ganze wird bei mittlerer Hitze etwa 10 Minuten gebacken.

Kastanien in Schokolade

200 g Kastanien • 200 g Kochschokolade • Milch

Die Kochschokolade wird zusammen mit etwas Milch erhitzt und flüssig gerührt. Die geschälten und gegarten Kastanien werden in die Schokoladenmasse eingetunkt. Nachdem die eingetunkten und von Schokolade umhüllten Kastanien erkaltet sind (am besten im Kühlschrank), können sie auf kleinen Hölzern aufgespießt und als Maronispieß serviert werden. Zwischen die Maroni kann man verschiedene Früchte aufspießen.

Südtiroler Schnupfplöter

Teig:
150 g Roggenmehl • 150 g Topfen • Salz
Fülle:
150 g Kastanien • 100 g Zucker • 50 g Mohn • etwas Butter

Aus den gekochten Kastanien, dem Zucker und dem Mohn wird ein Mus zubereitet.

Dann knetet man aus dem Roggenmehl, dem Topfen (Quark) und etwas Salz einen Teig. Aus diesem werden mittelgroße Nudeln geformt, die in einer Pfanne mit etwas Butter angebräunt werden.

Anschließend füllt man sie abwechselnd mit dem Kastanienmus in eine Backform, bestreicht das Ganze mit Butter und backt es im Ofen goldbraun. Diese Speise ist in Südtirol besonders zu Maria Lichtmess (am 2. Februar) beliebt.

Maroni flambiert

700 g Maroni • 30 g Butter • ¼ l Obers • 1 EL Kastanienhonig • 2 Gläser Cognac • ¼ l Rotwein

Die Maroni werden weichgekocht, geschält und in Butter rundum angebraten. Dann gießt man den Wein, den Honig und das Obers dazu und lässt das Ganze 5 Minuten ziehen. Zum Schluss erwärmen Sie den Cognac in einem kleinen Gefäß und servieren Sie die Maroni in der Pfanne auf dem Tisch. Der erwärmte Cognac wird über die Kastanien gegossen und flambiert.

Parfait mit Kastanienhonig

Zutaten: 4 EL Kastanienhonig • 500 g Schlagobers • 4 Eidotter • 4 EL Kastanien-, Mandel- oder Kirschlikör

Eidotter und Honig werden mit dem Schneebesen über zehn Minuten lang zu einer Crème geschlagen. Das Schlagobers wird steif geschlagen und mit dem Likör in die Crème untergehoben. Die Masse füllt man in Schalen und lässt sie im Kühlschrank oder in der Tiefkühltruhe fest werden. Mit einer Früchtesauce oder Vanilleeis und einem Tupfer Kastanienhonig wird diese süffige Nachspeise garantiert zum Erfolg.

Maroni-Parfait
mit Sanddorn-Trauben-Sauce

2 Eier • 1 Eigelb • 120 g Zucker • 150 g gekochte, geschälte und passierte Maroni • 1/8 l Schlagobers • Zimt • 2 EL Grand Marnier
Für die Sauce: 50 g Sanddornmark mit Honig gesüßt (bekommen Sie in Reformhäusern) • 250 g blaue Trauben • 60 g brauner Zucker

Eier, Dotter und Zucker werden in einer Schüssel über Dampf schaumig geschlagen, dann wird die Masse in der Schüssel in kaltem Wasser weitergeschlagen, bis sie abgekühlt ist. Nun werden die passierten Maroni, Zimt und der Orangenlikör hinzugefügt und das steif geschlagene Obers untergehoben. Die Masse wird in eine gekühlte Kastenform gefüllt und etwa 4 Stunden tiefgekühlt. Zum Herausstürzen setzt man die Form am Besten kurz in heißes Wasser.

Für die Sauce werden etwa 2/3 der Trauben mit wenig Wasser und Zucker ca. 1 Minute lang gekocht und dann zu Gelee passiert. Anschließend wird das Sanddornmark und die restlichen halbierten Trauben hinzugefügt. Die Sauce sollte etwas ziehen.

Das Maroniparfait wird in Portionen geschnitten, auf Teller verteilt und mit der erwärmten Sauce serviert.

Variante mit Cassis. Statt des Sanddornmarks können Sie auch eine Variante mit schwarzem Johannisbeerlikör (Cassis) probieren. Das Traubengelee sollte zu diesem Zweck etwas stärker eingedickt sein und 2 cl Cassis sollten reichen.

Und nun noch für diejenigen unter den LeserInnen, die (nicht nur) zur Weihnachtszeit vom Keksbackfieber heimgesucht werden:

Maroni-Kekse

140 g Weizenmehl • 200 g gekochte, passierte Maroni • 140 g Butter • 140 g Zucker • 1 Ei • 1 Eigelb • Zimt • 1 Eigelb zum Bestreichen.

Alle Zutaten werden zu einem Mürbteig verknetet. Lassen Sie den Teig 30 Minuten im Kühlschrank ruhen und rollen Sie ihn anschließend etwa 1 cm dick auf einem bemehlten Brett aus. Stechen Sie beliebige Formen aus, bestreichen Sie sie mit Eigelb und backen Sie sie im vorgeheizten Ofen bei 180 °C 15 Minuten lang, bis sie goldbraun sind.

GETRÄNKE

Kastanien-Milchshake oder Flüssige Esskastanien

400 g geschälte Kastanien lässt man 20 Minuten in Wasser kochen oder eindampfen. Nach dem Erkalten gibt man sie in einen Liter Milch und mixt sie durch. Anstelle von Zucker oder Honig kann man 100–150 g Vanilleeis dazugeben. Der Milchshake sollte kühl serviert werden.

Venuslikör mit rauschigen Schweinen

Michael Machatschek, unter anderem Autor der Reihe „Nahrhafte Landschaften“ empfiehlt: „Wer nun zu viel des Guten erwischt hat und sich den vollen Bauch hält, dem sei zur besseren Verdauung ein Digestif vorgeschlagen. Den *Venuslikör* aus Edelkastanien bereitet man folgendermaßen: Gedörrte Kastanien werden in Wasser einen Tag lang eingeweicht. In einem 60–80 prozentigen Korn- oder neutralen Obstschnaps läßt man die Nussfrüchte dann 3–5 Wochen stehen und reibt Zitronenschalen dazu. Dann werden die festen Teile abgefiltert, der Alkohol mit gewässertem Zucker-, Birken- oder Ahornsirup vermischt und in Flaschen abgefüllt. Die anfallenden Früchte können als appetitanregende Vorspeise verzehrt werden. Oder man gibt sie kleinweise den Schweinen, damit auch sie die Schwere des Lebens leichter bewältigen und einmal in ihrem kurzen Leben ein Räuschchen eintragen können.“

MICHAEL BAICULESCU,
der Verleger des Marsyas-Verlags, der für sein Leben gern Maroni isst. Im Mandelbaum Verlag gab er zusammen mit Veronika Berger Alexandre Dumas' *Großes Wörterbuch der Kochkunst* heraus. Gemeinsam mit Margot Fischer schrieb er für die *kleinen gourmandisen* die *Mandel.*

REZEPTVERZEICHNIS